PLANETA AN[IMAL]

EL AVESTRUZ

POR KATE RIGGS

CREATIVE EDUCATION • CREATIVE PAPERBACKS

Publicado por Creative Education
y Creative Paperbacks
P.O. Box 227, Mankato, Minnesota 56002
Creative Education y Creative Paperbacks son marcas
editoriales de The Creative Company
www.thecreativecompany.us

Diseño de The Design Lab
Producción de Rachel Klimpel
Dirección de arte de Rita Marshall
Traducción de TRAVOD, www.travod.com

Fotografías de Alamy (blickwinkel, Greatstock, Nature
Picture Library), Dreamstime (Isselee), iStock (AaronAmat,
bondgrunge, GlobalP), Nature Picture Library (Richard
Du Toit), Shutterstock (jo Crebbin, Jan Hendrick, Andrzej
Kubik, NithiPhotos)

Library of Congress Cataloging-in-Publication Data
Names: Riggs, Kate, author.
Title: El avestruz / Kate Riggs.
Other titles: Ostriches. Spanish
Description: Mankato, Minnesota : Creative Education
and Creative Paperbacks, [2023] I Series: Amazing
animals I Includes bibliographical references and index.
I Audience: Ages 6–9 I Audience: Grades 2–3
Identifiers: LCCN 2022007476 (print) I LCCN
2022007477 (ebook) I ISBN 9781640265844 (library
binding) I ISBN 9781682771396 (paperback) I ISBN
9781640007031 (ebook)
Subjects: LCSH: Ostriches–Juvenile literature.
Classification: LCC QL696.S9 R54418 2023 (print)
I LCC QL696.S9 (ebook) I DDC 598.5/24–dc23/
eng/2022020314
LC record available at https://lccn.loc.gov/2022007476
LC ebook record available at https://lccn.loc.
gov/2022007477

Tabla de contenido

*El avestruz es el ave
más grande del mundo.*

El avestruz es una gran ave de África. Hay dos **especies** de avestruces: la común y la somalí. Estas aves no pueden volar. Pero sí pueden correr muy rápido. Su velocidad máxima es de 45 millas (72,4 km) por hora.

especie grupo de animales similares (o con parentesco cercano)

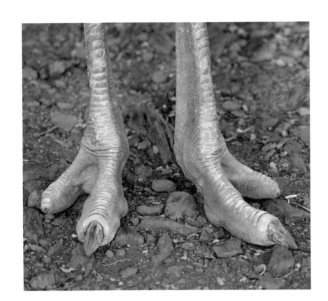

El avestruz común tiene cuello y patas rosas. El avestruz somalí, por el contrario, es color gris azulado. Las patas del avestruz son poderosas. ¡Una patada podría romperle la espalda de un león!

El avestruz tiene dos dedos orientados hacia el frente en cada pie (arriba).

El avestruz común llega a medir hasta nueve pies (2,7 m) de altura. Puede pesar más de 300 libras (136 kg). Otros avestruces miden entre siete y ocho pies (2,1 a 2,4 m) de altura. Su gran tamaño aleja a otros animales. Las plumas del macho y de la hembra son de colores diferentes.

Los machos adultos tienen plumas más oscuras que llaman la atención de las hembras.

El avestruz vive en las calurosas praderas africanas. Usa sus grandes ojos para cuidarse del peligro. También para buscar comida.

Los avestruces casi siempre están moviéndose dentro de su hábitat.

Unas plumas largas y finas impiden que el polvo entre a sus grandes ojos.

El avestruz come pastos y otras plantas. También come **insectos**. Un avestruz adulto come unas siete libras (3,2 kg) de alimento al día. No necesita beber mucha agua.

insectos animales pequeños con el cuerpo dividido en tres partes y que tienen seis patas

14

Las crías son, más o menos, del mismo tamaño que una gallina.

La hembra pone aproximadamente 12 huevos. Las **crías** deben ser fuertes para poder romper el cascarón. Al principio, tienen plumas esponjosas llamadas plumones. Los avestruces jóvenes observan a sus padres. Así aprenden cual alimentos comer.

crías avestruces bebés que acaban de salir de su huevo

Los avestruces jóvenes permanecen en su grupo familiar durante dos o tres años.

Los avestruces viven en grupos llamados manadas. Estos grupos familiares tienen hasta 50 miembros. Las manadas cuidan a las aves más jóvenes. Los avestruces jóvenes son **presas** más fáciles para los babuinos, leones, chacales y leopardos. En la naturaleza, los avestruces viven alrededor de 30 años.

presa animal que otros animales matan y comen

Sus alas le ayudan al avestruz a girar bruscamente mientras corre.

El avestruz puede ver a una distancia de hasta 2,5 millas (4 km). Si tiene tiempo suficiente, se esconde. Si no puede esconderse, empieza a correr. Correr en grupo ayuda a los avestruces a confundir a sus **depredadores**.

depredadores animales que matan y se comen a otros animales

La gente puede ver avestruces en zoológicos o granjas. A veces, quienes viven en África pueden ver avestruces en la naturaleza. ¡Es emocionante ver correr a estas aves de patas largas!

El cuello y la cabeza del avestruz están cubiertos por plumas cortas y suaves.

Un cuento del avestruz

En África, la gente contaba una historia sobre por qué el avestruz mantiene las alas muy pegadas al cuerpo. Al avestruz le encantaba aprender cosas nuevas. Pero mantenía todo en secreto. Cuando el avestruz descubrió el fuego, lo escondió bajo sus alas. La mantis vio cómo el avestruz llevaba el fuego allí. Entonces, hizo que el avestruz levantara las alas para que se le cayera el fuego. Después, la mantis lo compartió con las personas. Desde entonces, el avestruz mantiene sus alas pegadas al cuerpo.

Índice